Impressum
Verlag: BABADADA GmbH, Nedderfeld 112 , 22529 Hamburg
Geschäftsführer / Verlagsleitung: Harald Hof
Druck: Books on Demand GmbH, In de Tarpen 42, 22848 Norderstedt

Imprint
Publisher: BABADADA GmbH, Nedderfeld 112 , 22529 Hamburg, Germany
Managing Director / Publishing direction: Harald Hof
Print: Books on Demand GmbH, In de Tarpen 42, 22848 Norderstedt

la salle de classe
sajili

diviser
kugawanya

186/2

le tableau noir
ubao

la cour (de récréation)
eneo la shule

le professeur
mwalimu

le papier
karatasi

écrire
kuandika

le stylo
kalamu

le bureau
dawati

la règle
rula

le livre
kitabu

l'élève
mwanafunzi

le cartable

mkoba

la trousse

kikasha cha penseli

le crayon

penseli

le taille-crayon

kichonga penseli

la gomme

mpira

le carnet à dessin

pedi ya kuchora

le dessin

uchoraji

le pinceau

brashi ya rangi

la boîte de peinture

sanduku la rangi

les ciseaux

mkasi

la colle

gundi

le cahier d'exercices

daftari

les devoirs

kazi ya nyumbani

le chiffre

nambari

additionner

jumlisha

soustraire

ondoa

multiplier

zidisha

calculer

kokotoa

la lettre

barua

l'alphabet

alfabeti

le mot

neno

le texte

maandishi

lire

kusoma

la craie

chaki

la leçon

somo

le livre de classe

sajili

l'examen

uchunguzi

le certificat

cheti

l'uniforme scolaire

sare za shule

la formation

elimu

le lexique

elezo

l'université

chuo kikuu

le microscope

darubini

la carte

ramani

la corbeille à papier

kikapu cha kuweka karatasi
chafu

l'hôtel
hoteli

l'auberge
hosteli

le bureau de change
ofisi ya ubadilishanaji

la valise
sanduku

la voiture
gari

la langue

lugha

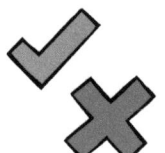

oui / non

ndiyo / la

d'accord

sawa

Salut

hujambo

l'interprète

mtafsiri

merci

Asante

Combien coûte...?

kiasi gani ni ...?

Je ne comprends pas

Sielewi

le problème

tatizo

Bonsoir !

Jioni njema!

Bonjour !

Habari za asubuhi!

Bonne nuit !

Usiku mwema!

Au revoir

kwa heri

la direction

mwelekeo

les bagages

mizigo

le sac

mfuko

le sac-à-dos

shanta

l'hôte

mgeni

la pièce

chumba

le sac de couchage

begi la kulalia

la tente

hema

l'office de tourisme

taarifa ya utalii

la plage

ufuo

la carte de crédit

kadi

le petit-déjeuner

kifunguakinywa

le déjeuner

chakula cha mchana

le dîner

chakula cha jioni

le billet

tiketi

l'ascenseur

kuinua

le timbre

muhuri

la frontière

mpaka

la douane

mila

l'ambassade

ubalozi

le visa

visa

le passeport

pasipoti

l'avion
ndege

le navire
meli

le véhicule de pompiers
injini ya moto

le bus
basi

le camion
lori

bateau à moteur
otaboti

la bicyclette
baiskeli

la voiture
gari

le ferry

feri

la barque

mashua

la moto

pikipiki

la voiture de police

gari la polisi

la voiture de course

gari la mashindano

la voiture de location

gari la kukodisha

8

le transport - usafiri

l'auto-partage

kushiriki gari

la voiture de remorquage

lori la kuvuta

la benne à ordures

ukusanyaji taka

le moteur

motor

l'essence

mafuta

la station d'essence

kituo cha mafuta

le panneau indicateur

ishara trafiki

le trafic

trafiki

l'embouteillage

msongamano

le parking

maegesho

la gare

kituo cha treni

les rails

reli

le train

garimoshi

le tramway

tremu

le wagon

gari la mizigo

l'hélicoptère

helikopta

l'aéroport

uwanja wa ndege

la tour

mnara

le passager

abiria

le conteneur

chombo

le carton

katoni

le chariot

mkokoteni

la corbeille

kikapu

décoller / atterrir

ondoka

la ville

jiji

le village

kijiji

le centre-ville

katikati ya jiji

la maison

nyumba

le cinéma
sinema

la publicité
tangazo

le réverbère
taa za mitaani

CINEMA

la rue
barabara

le taxi
teksi

le kiosque
duka la vitafunio

le piéton
mtembea kwa migu

le trottoir
njia ya waenda kwa miguu

le passage piéton
kivuko

la poubelle
pipa

le carrefour
kuvuka

les feux de circulation
taa za trafiki

la cabane
kibanda

l'appartement
gorofa

la gare
kituo cha treni

la mairie
ukumbi wa mji

le musée
Makavazi

l'école
shule

l'université

chuo kikuu

la banque

benki

l'hôpital

hospitali

l'hôtel

hoteli

la pharmacie

duka la dawa

le bureau

ofisi

la librairie

duka la kitabu

le magasin

duka

le fleuriste

duka la maua

le supermarché

dukakuu

le marché

soko

le grand magasin

idara ya kuhifadhi

la poissonnerie

mwuza samaki

le centre commercial

kituo cha ununuzi

le port

bandari

le parc

Hifadhi

la banque

benki

le pont

daraja

les escaliers

vidato

le métro

chini ya ardhi

le tunnel

handaki

l'arrêt de bus

kituo cha mabasi

le bar

bar

le restaurant

mgahawa

la boîte à lettres

sanduku la posta

le panneau indicateur

ishara ya barabara

le parcmètre

mita ya maegesho

le zoo

bustani ya wanyama

le réverbère

kidimbwi cha kuogelea

la mosquée

msikiti

la ferme

shamba

la pollution

uchafuzi

la cimetière

makaburini

l'église

kanisa

l'aire de jeux

uwanja wa michezo

le temple

hekalu

le paysage

mazingira

la feuille
jani

le panneau indicateur
ishara ya mwelekeo

le chemin
njia

le pré
malisho

la pierre
jiwe

l'arbre
mti

le randonneur
mtembeaji wa masafa

la rivière
mto

l'herbe
nyasi

la fleur
ua

la vallée
bonde

la montagne
kilima

le lac
ziwa

la forêt
msitu

le désert
jangwa

le volcan
volkano

le château
ngome

l'arc-en-ciel
upinde wa mvua

le champignon
uyoga

le palmier
mtende

le moustique
mbu

la mouche
kuruka

les fourmis
chungu

l'abeille
nyuki

l'araignée
buibui

le coléoptère

mende

la grenouille

chura

l'écureuil

kuchakuro

le hérisson

nungunungu

le lièvre

sungura

la chouette

bundi

l'oiseau

ndege

le cygne

swan

le sanglier

nguruwe mwitu

le cerf

kulungu

l'élan

aina ya kongoni

le barrage

bwawa

l'éolienne

tabo ya upepo

le panneau solaire

nishaji ya jua

le climat

hali ya hewa

le serveur
mhudumu

le menu
menyu

la chaise
kiti

la soupe
supu

la pizza
piza

les couverts
vilia

la nappe
kitambaa cha mezani

les hors d'œuvre

kiamsha hamu

le plat principal

kozi kuu

le dessert

kitindamlo

les boissons

vinywaji

l'alimentation

chakula

la bouteille

chupa

le fast-food

chakula cha haraka

les plats à emporter

Streetfood

la théière

buli

le sucrier

kisanduku cha sukari

la portion

sehemu

la machine à expresso

mashine ya espresso

la chaise haute

kiti kirefu

la facture

muswada

le plateau

trei

le couteau

kisu

la fourchette

uma

la cuillère

kijiko

la cuillère à thé

kijiko cha chai

la serviette

nepi

le verre

glasi

l'assiette

sahani

l'assiette à soupe

sahani ya supu

la soucoupe

sufuria

la sauce

mchuzi

la salière

kichanyaji chumvi

le moulin à poivre

kinu cha pilipili

le vinaigre

siki

l'huile

mafuta

les épices

viungo

le ketchup

kechapu

la moutarde

haradali

la mayonnaise

kachumbari nzito

l'offre promotionnelle
ofa maalum

le client
mteja

les produits laitiers
maziwa

les fruits
matunda

le chariot
toroli

FOR

la boucherie
mchinjaji

la boulangerie
mwokaji

peser
uzito

les légumes
mboga

la viande
nyama

les aliments surgelés
chakula waliohifadhiwa

la charcuterie
vipande vya nyama baridi

les conserves
chakula cha kopo

la poudre à lessive
sabuni ya unga

les bonbons
pipi

les articles ménagers
bidhaa za kaya

les détergents
bidhaa za kusafisha

la vendeuse
mtu mauzo

la caisse
mpaka

le caissier
keshia

la liste d'achats
orodha ya manunuzi

les heures d'ouverture
masaa ya ufunguzi

le portefeuille
mkoba

la carte de crédit
kadi

le sac
mfuko

le sac en plastique
mfuko wa plastiki

l'eau

maji

le jus de fruit

sharubati

le lait

maziwa

le coca

coke

le vin

mvinyo

la bière

bia

l'alcool

pombe

le chocolat chaud

kakao

le thé

chai

le café

kahawa

l'expresso

spreso

le cappuccino

kapuchino

la banane

ndizi

la pomme

tufaha

l'orange

machungwa

le melon

tikiti

le citron.

lemon

la carotte

karoti

l'ail

kitunguu saumu

le bambou

mianzi

l'oignon

kitunguu

le champignon

uyoga

les noisettes

karanga

les pâtes

nudo

les spaghetti

spageti

le riz

mpunga

la salade

saladi

les pommes frites

vibanzi

les pommes de terre rôties

viazi vya kukaanga

la pizza

piza

le hamburger

hambaga

le sandwich

sandwichi

l'escalope

kipande

le jambon

paja la mnyama

le salami

salami

la saucisse

soseji

le poulet

kuku

le rôti

choma

le poisson

samaki

les flocons d'avoine

oats ya uji

le muesli

muesli

les cornflakes

cornflakes

la farine

unga

le croissant

kroisanti

les petits-pains

andazi

le pain

mkate

le pain grillé

mkate wa kubanika

les biscuits

biskuti

le beurre

siagi

le fromage blanc

maziwa mgando

le gâteau

keki

l'œuf

yai

l'œuf au plat

yai kukaanga

le fromage

jibini

la glace

aiskrimu

le sucre

sukari

le miel

asali

la confiture

jemu

la crème nougat

kuenea kwa chokoleti

le curry

mchuzi wa viungo

la ferme
nyumba ya kilimo

la botte de paille
majani bale

la grange
ghalani

le champ
uwanja

le cheval
farasi

la remorque
trela

le poulain
mtoto

le tracteur
trekta

l'âne
punda

le mouton
kondoo

l'agneau
mwanakondoo

la chèvre
mbuzi

la vache
ng'ombe

le veau
ndama

le porc
nguruwe

le porcelet
mwananguruwe

le taureau
fahali

l'oie

batabukini

le canard

bata

le poussin

kifaranga

la poule

kuku

le coq

jogoo

le rat

panya

le chat

paka

la souris

panya

le bœuf

ng'ombe

le chien

mbwa

le chenil

nyumba ya mbwa

le tuyau de jardin

bomba la bustani

l'arrosoir

debe la kumwagilia maji

la faucheuse

fyekeo

la charrue

kulima

la faucille

mundu

la pioche

jembe

la fourche

uma wa nyasi

la hache

shoka

la brouette

toroli

la cuve

kupitia nyimbo

le pot à lait

chombo cha maziwa

le sac

gunia

la clôture

ua

l'étable

imara

le serre

chafu

le sol

udongo

les semences

mbegu

l'engrais

mbolea

la moissonneuse-batteuse

kivunaji

récolter

mavuno

la récolte

mavuno

l'igname

viazi vikuu

le blé

ngano

le soja

soya

la pomme de terre

viazi

le maïs

mahindi

le colza

rapa

l'arbre fruitier

mti wa matunda

le manioc

muhogo

les céréales

nafaka

la cheminée
chimni

le toit
paa

la gouttière
bomba la maji ya mvua

la fenêtre
dirisha

le garage
gareji

la sonnette
kengele ya mlangoni

la porte
mlango

la poubelle
pipa la taka

la boîte aux lettres
sanduku la barua

le jardin
bustani

le salon

sebuleni

la salle de bain

bafu

la cuisine

jikoni

la chambre à coucher

chumba cha kulala

la chambre d'enfant

chumba ya mtoto

la salle à manger

chumba cha kulia

le sol

sakafu

le mur

ukuta

le plafond

dari

la cave

pishi

le sauna

sauna

le balcon

roshani

la terrasse

mtaro

la piscine

kidimbwi

la tondeuse à gazon

mashine ya kukata nyasi

la housse

karatasi

la couette

kitambaa cha kupamba
kitanda

le lit

kitanda

le balai

ufagio

le sceau

ndoo

l'interrupteur

kubadili

le papier peint
mandhari

l'image
picha

la lampe
taa

l'étagère
rafu

l'armoire
kabati

la cheminée
mekoni

la télé
televisheni/runinga

la fleur
ua

le coussin
mto

le sofa
sofa

le vase
chombo cha maua

la télécommande
kitenzambali

le tapis

zulia

le rideau

pazia

la table

meza

la chaise

kiti

la chaise à bascule

kiti cha bembea

le fauteuil

armchair

le livre

kitabu

la couverture

blanketi

la décoration

mapambo

le bois de chauffage

kuni

le film

filamu

la chaîne hi-fi

kifaa cha hi-fi

la clé

ufunguo

le journal

gazeti

la peinture

uchoraji

le poster

bango

la radio

redio

le bloc-notes

daftari

l'aspirateur

kifyonza

le cactus

dungusi kakati

la bougie

mshumaa

le four à micro-ondes
kikanza

le réfrigérateur
jokofu

la balance de cuisine
wadogo jikoni

le grille-pain
kibaniko

le détergent
sabuni

le four
stovu

le compartiment congélateur
friza

la poubelle
pipa la taka

le lave-vaisselle
mashine ya kuoshea vyombo

le four
....
jiko la kupika

la casserole
....
chungu

la marmite
....
sufuria ya chuma

le wok / kadai
....
wok / kadai

la poêle
....
kaango

la bouilloire electrique
....
birika

le cuiseur vapeur

stima

la plaque de cuisson

sinia ya kuoka

la vaisselle

vyombo vya udongo

le gobelet

kombe

la coupe

bakuli

les baguettes

vijiti vya kulia

la louche

ukawa

la spatule

mwiko mpana

le fouet

burashi

la passoire

kichujio

le tamis

chujio

la râpe

mbuzi

le mortier

chokaa

le barbecue

barbeque

la cheminée

moto wazi

la planche à découper

ubao wa majaribio

le rouleau à pâtisserie

kijiti cha kusukuma unga

le tire-bouchon

kizibuo

la boîte

kopo

l'ouvre-boîte

inaweza kopo

les maniques

kishikio cha chungu

le lavabo

karo

la brosse

brashi

l'éponge

sifongo

le mixeur

kisagaji matunda

le congélateur

friji ya kina

le biberon

chupa ya mtoto

le robinet

bomba

le chauffage
joto

la douche
mfereji wa kuogea

la serviette
taulo

le rideau de douche
pazia la kuogea

le bain moussant
maji ya kuoga yenye povu

la baignoire
hodhi

le verre
glasi

la machine à laver
mashine ya kuosha

le robinet
bomba

le carrelage
vigae

le pot
poti

le lavabo
karo

les toilettes

choo

la toilette à la turque

choo cha squat

le bidet

beseni la mviringo

l'urinoir

choo cha umma

le papier toilette

shashi

la brosse à toilette

brashi ya choo

la brosse à dents
mswaki

le dentifrice
dawa ya meno

le fil dentaire
dawa ya meno

laver
safisha

la douche manuelle
kuoga mkono

la douche intime
msukumo wa maji

la vasque
bonde

la brosse dorsale
mpako wa pili

le savon
sabuni

le gel douche
jeli ya kuogea

le shampooing
shampuu

le gant de toilette
flana

l'écoulement
toa maji

la crème
krimu

le déodorant
kiondoa harufu

le miroir

kioo

le miroir cosmétique

kioo mkono

le rasoir

kinyozi

la mousse à raser

povu la kunyoa

l'après-rasage

baada ya kunyoa

la peigne

kichana

la brosse

brashi

le sèche-cheveux

kikausha nywele

la laque pour cheveux

marashi ya nyewele

le fond de teint

vipodozi

le rouge à lèvres

kidomwa

le vernis à ongles

varnish ya msumari

l'ouate

pamba

le coupe-ongles

mkasi wa kucha

le parfum

manukato

la trousse de toilette

mkoba wa kuosha

le tabouret

kinyesi

le pèse-personne

mizani

le peignoir

nguo ya kuoga

les gants de nettoyage

glavu za mpira

le tampon

kisodo

les serviettes hygiéniques

sodo

la toilette chimique

kemikali choo

le réveil
saa ya kengele

le doudou
kidoli cha kupakata

la voiture jouet
gari bandia

le hochet
kelele

la maison de poupée
chumba cha midoli

le cadeau
sasa

le ballon

baluni

le lit

kitanda

la poussette

mashua

le jeu de cartes

staha ya kadi

le puzzle

mchezo-fumb

la bande dessinée

vichekesho

les pièces lego

matofali lego

les blocs de construction

vitalu mwigo

la figurine

hatua takwimu

la grenouillère

suti ya kulalia

le frisbee

kisahani

le mobile

simu

le jeu de société

ubao wa michezo

le dé

kete

le train miniature

garimoshi mwigo

la sucette

dummy

la fête

chama

le livre d'images

picha kitabu

la balle

mpira

la poupée

kikaragosi

jouer

kucheza

le bac à sable

shimo la mchanga

la balançoire

bembea

les jouets

vitu bandia

la console de jeu

kiweko cha video ya mchezo

le tricycle

baiskeli ya magurudumu

l'ours en peluche

mwanasesere

l'armoire

kabati

matatu

les vêtements

nguo

les chaussettes

soksi

les bas

stokingi

le collant

kibano

l'écharpe
skafu

le parapluie
mwavuli

le t-shirt
fulana

la ceinture
ukanda

les bottes
viatu

les pantoufles
ndara

les baskets
wakufunzi

les sandales
malapa

les chaussures
viatu

les bottes de caoutchouc
mabuti ya mpira

les sous-vêtements
suruali ya ndani

le soutien-gorge
sidiria

le maillot de corps
fulana

le body

mwili

le pantalon

suruali

le jean

dangirizi

la jupe

sketi

le chemisier

blauzi

la chemise

shati

le pull

vuta

le sweat à capuche

sweta

la veste

bleza

la veste

jaketi

le manteau

koti

l'imperméable

koti la mvua

le costume

maleba

la robe

gauni

la robe de mariée

mavazi ya harusi

le costume

suti

la chemise de nuit

vazi la usiku

le pyjama

pajama

le sari

sari

le foulard

skafu

le turban

kilemba

la burqa

burka

le caftan

kaftan

l'abaya

abaya

le maillot de bain

vazi la kuogelea

le maillot de bain

vazi la kiume la kuogelea

le short

kaptura

la tenue d'entraînement

teitei

le tablier

aproni

les gants

glavu

les vêtements - nguo

le bouton

kifungo

les lunettes

glasi

le bracelet

bangili

le collier

mkufu

la bague

pete

la boucle d'oreille

herini

le bonnet

kofia

le cintre

kiango cha koti

le chapeau

kofia

la cravate

tai

la fermeture éclair

zipu

le casque

kofia

les bretelles

kanda za suruali

l'uniforme scolaire

sare za shule

l'uniforme

sare

le bavoir
....
bibu

la sucette
....
dummy

la lange
....
nepi

le bureau
ofisi

le serveur
seva

l'armoire d'archivage
kabati la kuweka faili

l'imprimante
kichapishaji

l'écran
kiwambo

le papier
karatasi

le bureau
dawati

la souris
kipanya

le classeur
folda

le clavier
kibodi

la chaise
kiti

beille à papier
u cha kuweka karatasi chafu

l'ordinateur
kompyuta

la tasse de café
....
kmobe la kahawa

la calculatrice
....
kikokotoo

l'internet
....
biashara

l'ordinateur portable

mbali

la lettre

barua

le message

ujumbe

le portable

rununu

le réseau

intaneti

la photocopieuse

fotokopia

le logiciel

programu

le téléphone

simu

la prise

soketi

le fax

kipepesi

le formulaire

fomu

le document

hati

acheter

kununua

payer

kulipa

faire du commerce

biashara

la monnaie

fedha

le dollar

dola

l'euro

yuro

le yen

yeni

le rouble

rouble

le franc suisse

faranga ya Uswisi

le renminbi yuan

renminbi yuan

la roupie

rupia

le distributeur automatique

eneo la kulipia

le bureau de change

ofisi ya ubadilishanaji

l'or

dhahabu

l'argent

fedha

le pétrole

mafuta

l'énergie

nishati

le prix

bei

le contrat

mkataba

la taxe

kodi

l'action

bidhaa

travailler

kazi

l'employé

mfanyakazi

l'employeur

mwajiri

l'usine

kiwanda

le magasin

duka

l'agent de police
afisa wa polisi

le pompier
mzimamoto

le cuisinier
mpishi

le médecin
daktari

le pilote
rubani

le jardinier

mtunza bustani

le menuisier

seremala

la couturière

mshonaji

le juge

hakimu

le chimiste

mwanakemia

l'acteur

muigizaji

le conducteur de bus

dereva wa basi

le chauffeur de taxi

dereva wa teksi

le pêcheur

mvuvi

la femme de ménage

mwanamke wa kusafisha

le couvreur

mwezekaji

le serveur

mhudumu

le chasseur

mwindaji

le peintre

mchoraji

le boulanger

mwokaji

l'électricien

umeme

l'ouvrier

mjenzi

l'ingénieur

mhandisi

le boucher

mchinjaji

le plombier

fundi bomba

le facteur

mwanaposta

le soldat

mwanajeshi

l'architecte

msanifu majengo

le caissier

keshia

le fleuriste

muuza maua

le coiffeur

msusi

le contrôleur

kondakta

le mécanicien

mekanika

le capitaine

nahodha

le dentiste

daktari wa meno

le scientifique

mwanasayansi

le rabbin

rabbi

l'imam

imamu

le moine

mtawa

le prêtre

kasisi

le marteau
nyundo

les pinces
koleo

le tournevis
bisibisi

la clé
spana

la torche
kurunzi

la pelleteuse

mchimbaji

la boîte à outils

sanduku la vifaa

l'échelle

ngazi

la scie

msumeno

les clous

misumari

la perceuse

kuchimba visima

réparer

kukarabati

la pelle

sepetu

Mince !

Lo!

la pelle

kishikio cha uchafu

le pot de peinture

chungu cha rangi

les vis

skurubu

les instruments de musique
ala za muziki

le haut-parleurs
spika

la batterie
mpangilio wa ngoma

la guitare
gita

la contrebasse
besi mara mbili

la trompette
tarumbeta

le piano

piano

le violon

fidla

la basse

ubeji

les timbales

timpani

le tambour

ngoma

le piano électrique

kibodi

le saxophone

saksafoni

la flûte

filimbi

le microphone

maikrofoni

l'entrée
lango la kuingia

le tigre
simbamarara

la cage
ngome

le zèbre
pundamilia

l'alimentation animale
chakula cha mifugo

le panda
panda

les animaux

wanyama

l'éléphant

tembo

le kangourou

kangaruu

le rhinocéros

kifaru

le gorille

sokwe

l'ours

dubu

le chameau

ngamia

l'autruche

mbuni

le lion

simba

le singe

tumbili

le flamand rose

heroe

le perroquet

kasuku

l'ours polaire

dubu

le pingouin

penguini

le requin

papa

le paon

tausi

le serpent

nyoka

le crocodile

mamba

le gardien de zoo

mtunza wanyama

le phoque

muhuri

le jaguar

jaguar

le poney

mwanafarasi

le léopard

chui

l'hippopotame

kiboko

la girafe

twiga

l'aigle

tai

le sanglier

nguruwe mwitu

le poisson

samaki

la tortue

kobe

le morse

sili

le renard

mbweha

la gazelle

paa

l'american Football
soka ya marekani

le cyclisme
uendeshaji baiskeli

le tennis
tenisi

le basket-ball
mpira wa kikapu

la natation
kuogelea

la boxe
ndondi

le hockey sur glace
magongo ya barafuni

le football
soka

le badminton
vinyoya

l'athlétisme
riadha

le handball
mpira wa mikono

le ski
skii

le polo
polo

sauter
kuruka

embrasser
kumbatia

rire
cheka

marcher
kutembea

chanter
kuimba

prier
kuomba

rêver
ota ndoto

faire la bise
busu

écrire
kuandika

dessiner
kuteka

montrer
angalia

pousser
sukuma

donner
kutoa

prendre
kuchukua

avoir

kuwa

faire

fanya

être

kuwa

être debout

kusimama

courir

kukimbia

trier

vuta

jeter

kutupa

tomber

kuanguka

être couché

hadaa

attendre

kusubiri

porter

kubeba

être assis

kukaa

s'habiller

vaa nguo

dormir

usingizi

se réveiller

kuamka

regarder

kuangalia

pleurer

lia

caresser

kiharusi

peigner

chana nywele

parler

ongea

comprendre

kuelewa

demander

kuuliza

écouter

kusikiliza

boire

kunywa

manger

kula

ranger

nadhifisha

aimer

upendo

cuire

mpishi

conduire

gari

voler

kuruka

faire de la voile

meli

calculer

kokotoa

lire

kusoma

apprendre

kujifunza

travailler

kazi

se marier

kuoa

coudre

kushona

brosser les dents

piga mswaki

tuer

kuua

fumer

moshi

envoyer

kutuma

la grand-mère
bibi

le grand-père
babu

le père
baba

la mère
mama

le bébé
mtoto

la fille
binti

le fils
bin

l'hôte

mgeni

la tante

shangazi

l'oncle

mjomba

le frère

kaka

la sœur

dada

mwili

le front
paji la uso

l'œil
jicho

l'épaule
bega

le doigt
kidole

le visage
uso

le menton
kidevu

la main
mkono

la jambe
mguu

la poitrine
matiti

le bras
mkono

le bébé

mtoto

l'homme

mwanamume

la femme

mwanamke

la fille

msichana

le garçon

mvulana

la tête

kichwa

le dos

nyuma

le ventre

tumbo

le nombril

kitovu

l'orteil

chano

le talon

kisigino

l'os

mfupa

la hanche

nyonga

le genou

goti

le coude

kiwiko

le nez

pua

les fesses

chini

la peau

ngozi

la joue

shavu

l'oreille

sikio

la lèvre

mdomo

la bouche

kinywa

la dent

jino

la langue

ulimi

le cerveau

ubongo

le cœur

moyo

le muscle

misuli

les poumons

pafu

le foie

ini

l'estomac

tumbo

les reins

figo

le rapport sexuel

jinsia

le préservatif

kondomu

l'ovule

ovari

le sperme

shahawa

la grossesse

mimba

la menstruation

hedhi

le vagin

uke

le pénis

uume

le sourcil

unyusi

les cheveux

nywele

le cou

shingo

l'hôpital
hospitali

l'ambulance
gari la wagonjwa

le fauteuil roulant
kiti cha magurudumu

la fracture
jeraha

le médecin

daktari

le service des urgences

chumba cha dharura

l'infirmière

muuguzi

l'urgence

dharura

inconscient

kupoteza fahamu

la douleur

maumivu

la blessure

kuumia

l'hémorragie

kutokwa na damu

la crise cardiaque

mshtuko wa moyo

l'attaque cérébrale

kiharusi

l'allergie

mzio

la toux

kikohozi

la fièvre

homa

la grippe

mafua

la diarrhée

kuharisha

le mal de tête

maumivu ya kichwa

le cancer

kansa

le diabète

ugonjwa wa kisukari

le chirurgien

daktari mpasuaji

le scalpel

kisu kidogo cha kupasulia

l'opération

operesheni

le CT

picha changanufu ya mwili

la radiographie

Eksrei

l'échographie

mawimbi sauti

le masque

barakoa ya uso

la maladie

ugonjwa

la salle d'attente

chumba cha kusubiri

la béquille

mkongojo

le pansement

plasta

le pansement

bendeji

l'injection

sindano

le stéthoscope

stetoskopu

le brancard

machela

le thermomètre

kipimajoto cha kliniki

l'accouchement

kuzaliwa

la surcharge pondérale

unene kupita kiasi

l'appareil auditif

kusikia misaada

le désinfectant

kipukusi

l'infection

maambukizi

le virus

virusi

le VIH / le sida

VVU / UKIMWI

le médicament

dawa

la vaccination

chanjo

les comprimés

vidonge

la pilule

kidonge

l'appel d'urgence

simu ya dharura

le tensiomètre

haemodainamometa

malade / sain

mgonjwa / mwenye afya

l'alarme

kengele

l'assaut

pigo

Au secours !

Msaada!

l'attaque

shambulizi

le danger

hatari

la sortie de secours

lango la dharura

Au feu!

Moto!

l'extincteur

kizima moto

l'accident

ajali

la trousse de premier
secours

vifaa vya huduma ya
kwanza

SOS

wito wa msaada

la police

polisi

l'Europe

Ulaya

l'Amérique du Nord

Amerika ya Kaskazini

l'Amérique du Sud

Amerika ya Kusini

l'Afrique

Afrika

l'Asie

Asia

l'Australie

Australia

l'Océan atlantique

Atlantiki

l'Océan pacifique

Pasifiki

l'Océan indien

Bahari ya Hindi

l'Océan antarctique

Bahari ya Antaktiki

l'Océan arctique

Bahari ya Aktiki

le Pôle nord

Ncha ya Kaskazini

le Pôle sud

Ncha ya Kusini

l'Antarctique

Antaktika

la terre

dunia

le pays

nchi

la mer

bahari

l'île

kisiwa

la nation

taifa

l'état

jimbo

le cadran

uso wa saa

l'aiguille des heures

akrabu ya saa

l'aiguille des minutes

akrabu ya dakika

l'aiguille des secondes

akrabu ya sekunde

Quelle heure est-il ?

Ni saa ngapi?

le jour

siku

le temps

wakati

maintenant

sasa

la montre digitale

saa ya dijitali

la minute

dakika

l'heure

saa

lundi
Jumatatu

mercredi
Jumatano

vendredi
Ijumaa

mardi
Jumanne

samedi
Jumamosi

jeudi
Alhamisi

dimanche
Jumapili

hier

jana

aujourd'hui

leo

demain

kesho

le matin

asubuhi

le midi

saa sita mchana

le soir

jioni

MO	TU	WE	TH	FR	SA	SU
1	2	3	4	5	6	7
8	9	10	11	12	13	14
15	16	17	18	19	20	21
22	23	24	25	26	27	28
29	30	31	1	2	3	4

les jours ouvrables

siku za biashara

MO	TU	WE	TH	FR	SA	SU
1	2	3	4	5	6	7
8	9	10	11	12	13	14
15	16	17	18	19	20	21
22	23	24	25	26	27	28
29	30	31	1	2	3	4

le week-end

mwishoni mwa wiki

la pluie
mvua

l'arc-en-ciel
upinde wa mvua

le vent
upepo

la neige
theluji

le printemps
majira ya machipuko

l'été
kiangazi

l'automne
vuli

l'hiver
majira ya baridi

4.APRIL	11°	☀
5.APRIL	4°	🌧
6.APRIL	13°	⛅
7.APRIL	8°	☀
8.APRIL	10°	❄

la météo
utabiri wa hali ya hewa

le thermomètre
kipimajoto

la lumière du soleil
mwanga wa jua

le nuage
wingu

le brouillard
ukungu

l'humidité
unyevu

la foudre

umeme

la tonnerre

radi

la tempête

dhoruba

la grêle

mvua ya mawe

la mousson

monsuni

l'inondation

mafuriko

la glace

barafu

janvier

Januari

février

Februari

mars

Machi

avril

Aprili

mai

Mei

juin

Juni

juillet

Julai

août

Agosti

l'année - mwaka

septembre
....
Septemba

octobre
....
Oktoba

novembre
....
Novemba

décembre
....
Desemba

les formes

maumbo

le cercle
....
mduara

le carré
....
mraba

le rectangle
....
mstatili

le triangle
....
pembetatu

la sphère
....
nyanja

le cube
....
mchemraba

blanc

nyeupe

jaune

manjano

orange

chungwa

rose

rangi ya waridi

rouge

nyekundu

violet

hudhurungi

bleu

bluu

vert

kijani

marron

hanja

gris

jivujivu

noir

nyeusi

beaucoup / peu

mengi / kidogo

fâché / calme

hasira / pole

joli / laid

nzuri / mbaya

le début / la fin

mwanzo / mwisho

grand / petit

kubwa / ndogo

clair / obscure

angavu / giza

frère / soeur

kaka / dada

propre / sale

safi / chafu

complet / incomplet

kamilika / tokamilika

le jour / la nuit

siku / usiku

mort / vivant

wafu / hai

large / étroit

pana / nyembamba

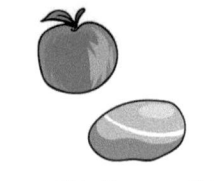

comestible / incomestible

kulika / kutolika

méchant / gentil

ovu / ema

excité / ennuyé

sisimkwa / udhika

gros / mince

nene / nyembamba

le premier / le dernier

kwanza / mwisho

l'ami / l'ennemi

rafiki / adui

plein / vide

jaa / tupu

dur / souple

ngumu / laini

lourd / léger

nzito / nyepesi

faim / soif

njaa / kiu

malade / sain

mgonjwa / mwenye afya

illégal / légal

haramu / kisheria

intelligent / stupide

akili / kijinga

gauche / droite

kushoto / kulia

proche / loin

karibu / mbali

nouveau / usé

mpya / kutumika

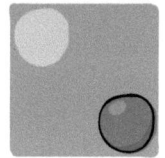

rien / quelque chose

kitu / jambo

vieux / jeune

zee / changa

marche / arrêt

waka / zima

ouvert / fermé

wazi / fungwa

faible / fort

utulivu / kelele

riche / pauvre

tajiri / masikini

correct / incorrect

sahihi / kosa

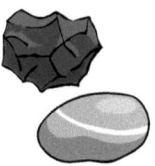

rugueux / lisse

mbaya / laini

triste / heureux

huzunika / furahia

court / long

fupi /ndefu

lent / rapide

polepole / haraka

mouillé / sec

nyevu / kavu

chaud / froid

joto / baridi

la guerre / la paix

vita / amani

les oppositions - kinyume

0

zéro
....
sufuri

1

un / une
....
moja

2

deux
....
mbili

3

trois
....
tatu

4

quatre
....
nne

5

cinq
....
tano

6

six
....
sita

7

sept
....
saba

8

huit
....
nane

9

neuf
....
tisa

10

dix
....
kumi

11

onze
....
kumi na moja

12

douze

kumi na mbili

13

treize

kumi na tatu

14

quatorze

kumi na nne

15

quinze

kumi na tano

16

seize

kumi na sita

17

dix-sept

kumi na saba

18

dix-huit

kumi na nane

19

dix-neuf

kumi na tisa

20

vingt

ishirini

100

cent

mia

1.000

mille

elfu

1.000.000

le million

milioni

l'anglais

Kiingereza

l'anglais américain

Kiingereza cha Marekani

le chinois mandarin

Kimandarini cha Uchina

le hindi

Kihindi

l'espagnol

Kihispania

le français

Kifaransa

l'arabe

Kiarabu

le russe

Kirusi

le portugais

Kireno

le bengali

Kibengali

l'allemand

Kijerumani

le japonais

Kijapani

je
....
mimi

tu
....
wewe

il / elle / ce, c', cela
....
yeye / yeye / ni

nous
....
sisi

vous
....
wewe

ils / elles
....
wao

Qui ?
....
nani?

Quoi ?
....
nini?

Comment ?
....
jinsi gani?

Où ?
....
wapi?

Quand ?
....
lini?

le nom
....
jina

derrière

nyuma

dans

katika

devant

mbele ya

au-dessus

juu ya

sur

kwenye

en-dessous

chini ya

à côté de

kando

entre

kati

le lieu

mahali